objets d'arts
25 mars 1811

2295

CATALOGUE

D'OBJETS D'ARTS

EN MATIÈRES RARES ET PRÉCIEUSES,

MARBRES, BRONZES, ETC.

DE TOUTES LES DIMENSIONS;

D'APRÈS

LES MONUMENS ET FORMES ANTIQUES;

Dont la vente se fera le 25 Mars 1811, onze heures du matin, et jours suivans, en l'Hôtel de BOULOGNE, rue du Bac, N.º 42.

ABRÉVIATIONS.

D. —— Diamètre.
H. —— Hauteur.
L. —— Largeur.
B. —— Bois.
T. —— Toile.

Nota. L'Ordre des Vacations sera distribué dix jours avant la vente. A cette époque, on pourra voir, dans le local indiqué pour la vente, les objets énoncés au présent Catalogue.

CATALOGUE
D'OBJETS D'ARTS,
GRANDS TRÉPIEDS,

Montés et composés de divers Monumens en *Porphyre, Serpentin, Basalte* et *Marbres antiques*, décorés de Bronzes ciselés et dorés à Paris;

VASES DE TOUTES LES FORMES,

URNES, TABLES, BAGNEROLLES, OBÉLISQUES, COLONNES, STATUES, BUSTES, BAS-RELIEFS, d'après les Monumens et formes antiques, exécutés en *Porphyre, Granit d'Egypte, Serpentin, jaune, rouge et vert-antique, Albâtre oriental*, et généralement dans les matières et les Marbres les plus rares;

TABLES DE DIVERSES DIMENSIONS,
dans les mêmes matières;

STATUES ET GROUPES EN BRONZE,
d'après les Monumens les plus remarquables au Museum;

MONUMENS propres à établir des *Pendules*, grands Plateaux faisant *Surtouts de tables*, garnis de leurs pièces et de Bronzes dorés;

BOITES en *Lapis-Lazuli, Agate, Labrador, Sardoine*, et autres matières rares;

MOSAÏQUES, CAMÉES ET GRAVURES EN CREUX, montés et non montés; COQUILLES, VERRES GRAVÉS, PATES, SOUFRES, ou EMPREINTES DE SCAYOLLE en tiroirs;

TABLEAUX, ACQUARELLES, GOUACHES, GRAVURES, LIVRES RARES, etc.

~~~~~~~~~~~~~~~~

Le présent Catalogue se distribue à PARIS,

Chez MM. { BONNEFONS, Commissaire-Priseur, rue Montmartre, N.° 148;
LEBLANC, Imprim.r-Lib., Abbaye S. Germain.

1811.

CATALOGUE
D'OBJETS D'ARTS.

TRÉPIEDS DE DIVERSES FORMES ANTIQUES.

1 Un grand Trépied monté, composé comme il suit : une superbe Tasse de porphyre oriental rouge, avec son pied; un premier Socle de porphyre vert, porté par trois Idoles égyptiennes en bronze, lesquelles posent sur un Triangle de granit rose oriental; un grand Socle de serpentin vert, renfermé entre deux Tables de porphyre rouge; Tore en jaune antique, sculpté d'ornemens; dernière Base en granit et bronze. Ce riche monument est orné de bronzes ciselés et dorés dans la perfection. *H.* 55 p. *D.* 20 p.

2 Un grand Trépied, composé comme il suit : une superbe Tasse de serpentin oriental vert, soutenue sur un Vase de porphyre rouge par trois Hippogriffes en bronze, posant sur un Triangle de porphyre amande, porté par trois Chimères à têtes de tigre en jaune antique; un Balustre en bronze, et grands Socles composés en granit, Porphyre

et Bronzes ciselés et dorés à Paris. *H*. 55 p. *D*. 21 p.

3 Un grand Trépied, composé d'une grande Tasse de granit d'Égypte rouge, soutenue par trois Tritons antiques en bronze, posant sur un Triangle de marbre statuaire sculpté, porté par trois Chimères à têtes de tigre antiques en albâtre oriental rose fleuri, avec un Socle composé de divers marbres antiques. *H*. 59 p. *D*. 24 p.

4 Un grand Trépied, composé d'une grande Tasse de porphyre violet bréché, soutenue par trois gaînes de porphyre vert, dit de *Notre-Seigneur*; lesquelles sont décorées de trois têtes et griffes de lion en jaune antique; une Colonne du même porphyre vert, servant à soutenir ladite Tasse, et un grand Triangle assorti, faisant base, porté par trois boules de serpentin. *H*. 31 p. *D*. 15 p.

5 Un grand Trépied, composé de jaune antique de la plus belle qualité, décoré de têtes sculptées, et divers ornemens. *H*. 21 p. *D*. 15 p.

6 Un Trépied, composé d'une Tasse de serpentin rouge bréché, soutenue par trois Cariatides de bronze, posant sur un Socle de porphyre et brèche universelle.

7 UN GRAND TRÉPIED, composé d'une Coquille de serpentin oriental, portée par trois Dauphins en bronze doré, lesquels portent sur un Socle d'albâtre oriental : le tout est soutenu sur un Socle de diverses sortes de porphyre, rouge, noir et vert, et orné de Bronzes dorés. *H.* 20 p. *D.* 12 p.

Dans la Coquille est une Vénus accroupie, en rouge antique.

8 UN TRÉPIED, composé de diverses sortes d'albâtre oriental, soutenant une Tasse de même matière, et posant sur un Socle de marbres divers antiques. *H.* 21 p. *D.* 9 p.

9 UN QUATRE-PIEDS, composé en rouge antique, Plate-forme en albâtre, pour supporter une Flamme en rouge : le tout portant sur un Socle de porphyre et marbre sculpté. *H.* 21 p. *D.* 9 p.

Ces pièces, principalement composées de Pierres dures les plus rares et les plus précieuses, sont exécutées sur le style des beaux monumens de ce genre de l'Antiquité. Le volume et la perfection du travail des Tasses de porphyre et de serpentin leur donnent un rare mérite. Les parties accessoires, combinées avec goût, sont dans un rapport exact avec l'objet principal ; et l'on peut dire qu'il serait de la plus grande difficulté de reproduire aujourd'hui de semblables pièces, qui sont dignes de faire l'ornement des plus riches Cabinets.

TABLES EN PIERRES DURES,
ET MARBRES DE DIVERSES ESPÈCES,
TELS QUE PORPHYRE, GRANIT, VERT ANTIQUE, ALBATRE, ETC.

10 Deux grandes Tables de granit rose d'Egypte. *H.* 42 p. *D.* 21 p.

11 Deux, *idem*. *H.* 42 p. *D.* 21 p.

12 Deux, *idem*, rondes en granit rose, incrustées de divers échantillons en pierres dures. *H.* 35 p. *D.* 35 p.

13 Une Table en albâtre fleuri. *H.* 36 p. *D.* 18 p.

14 Deux Tables octogones en granit rose d'Egypte. *H.* 22 p. *D.* 22 p.

15 Deux Tables, *idem*, en granit oriental noir et blanc. *H.* 20 p. *D.* 20 p.

16 Deux Tables demi-rondes en porphyre rouge. *H.* 32 p. *D.* 18 p.

17 Deux Tables rondes, *idem*. *H.* 20 p. *D.* 20 p.

18 Quatre Tables, *idem*, cabochon en porphyre rouge. *H.* 23 p. *D.* 12 p.

19 Deux Tables en vert antique. *H.* 51 p. *D.* 16 p.

20 Une Table carrée en granit oriental vert. *H.* 23 p. *D.* 17 p.

21 Une Table ronde en scayolle. *H.* 24 p. *D.* 24 p.

22 Diverses autres petites Tables propres à être employées en meubles de toilette.

TASSES, URNES ET BAGNEROLLES,
D'APRÈS LES FORMES ANTIQUES.

23 Une grande Tasse à anses ovidées, en parangon noir. *H.* 14 p. *D.* 27 p.

24 Deux Tasses sans anses, en serpentin. *H.* 5 p. *D.* 8 p.

25 Deux Tasses à anses cannelées, *idem. H.* 5 p. *D.* 8 p.

26 Une grande Tasse avec deux têtes sculptées, en marbre de Paros. *H.* 11 p. *D.* 22 p.

27 Une Tasse en albâtre oriental. *H.* 6 p. *D.* 7 p.

28 Deux grandes Tasses à anses, en brèche d'Espagne. *H.* 6 p. *D.* 12 p.

29 Une Tasse à deux anses, en brèche coraline. *H.* 7 p. *D.* 15 p.

30 Une Tasse en albâtre d'Orta. *H.* 5 p. *D.* 6 p.

31 Deux Bagnerolles en jaune antique. *H.* 10 p. *D.* 5 p.

32 Deux Bagnerolles plus grandes en marbre de Paros. *H.* 2 p. *D.* 6 p.

33 Deux petites Baguerolles en jaune. *H.* 8 p. *D.* 4 p.

34 Une Urne, tombeau de M. Agrippa, en albâtre oriental, socle de porphyre vert et couvercle d'albâtre oriental. *H.* 11 p. *D.* 10 p.

35 Une Urne, tombeau de Scipion, en marbre teint en rouge. *H.* 12 p. *D.* 8.

36 Une Tasse en porphyre rouge, avec pied. *H.* 7 p. *D.* 11 p.

37 Une Tasse en serpentin oriental, avec pied. *H.* 11 p. *D.* 11 p.

38 Une Tasse avec animaux sculptés, en rouge antique. *H.* 8 p. *D.* 9 p.

39 Une Urne, tombeau de M. Agrippa, en marbre de Paros, avec socle, etc. *H.* 11 p. *D.* 11 p.

40 Une Tasse carrée, en rouge antique. *H.* 6 p. *D.* 5 p.

41 Une Urne, tombeau de M. Agrippa, en porphyre vert, les pieds et la base en jaune antique. *H.* 6 p. *D.* 5 p.

COLONNES, OBÉLISQUES, ETC.
EN PIERRES DURES.

42 Une grande Colonne de porphyre rouge. *H.* 24 p. *D.* 5 p.

43 Un grand Obélisque de granit rose d'Egypte, monté. *H.* 36 p. *D.* 6 p.

44 Deux Obélisques en porphyre rouge, avec socles, montés. *H.* 27 p. *D.* 5 p.

45 Deux Obélisques en serpentin amande, avec socles. *H.* 20 p. *D.* 4 p.

46 Un Obélisque en granit rose et socle monté. *H.* 24 p. *D.* 5 p.

47 Deux Colonnes de porphyre rouge, avec bases et chapiteaux en bronze doré. *H.* 25 p. *D.* 5 p.

48 Une Colonne milliaire en marbre dit Astracan, montée, portant une Victoire en bronze. *H.* 25 p. *D.* 6 p.

49 Un petit Obélisque en rouge antique. *H.* 9 p.

50. Un, *idem*, plus grand en granit rouge, avec socle. *H.* 25 p. *D.* 6 p.

51 Deux, *idem*, petits, en granit d'Egypte, avec socles. *H.* 16 p. *D.* 3 p.

52 Un petit Temple à 8 colonnes pour pendule. *H.* 20 p. *D.* 16 p.

53 Un, *idem*, à 2 colonnes en jaspe de Corse, avec mosaïque. *H.* 18 p. *D.* 12 p.

54 Un grand Temple à 2 colonnes d'albâtre-lumaquelle, avec un grand socle et corniche sculptés richement. *H.* 34 p. *D.* 21 p.

55 Deux Colonnes triomphales d'albâtre d'Orta, bases et chapiteaux corinthiens. *H.* 22 p. *D.* 4 p.

56 Deux Gaînes en porphyre, surmontées de deux bustes en jaune antique, représentant Jupiter et l'Océan, bases, *idem*. *H.* 18 p. *D.* 5 p.

VASES DE DIVERSES FORMES ANTIQUES,
EN PORPHYRE, GRANIT, ALBATRE ET MARBRES ANTIQUES DE TOUTES ESPÈCES.

57 Deux Vases à anses évidées en porphyre rouge. *H.* 10 p. *D.* 5 p.

58 Un, *idem*, plus grand. *H.* 13 p. *D.* 8 p.

59 Deux Vases à anses en albâtre oriental. *H.* 15 p. *D.* 4 p.

60 Deux grands Vases à anses en lumaquelle. *H.* 15 p. *D.* 5 p.

61 Un Vase lacrymatoire en albâtre. *H.* 10 p. *D.* 5 p.

62 Deux grands Vases à anses relevées, en jaune antique. *H.* 13 p. *D.*

63 Un grand Vase à anses en rouge antique. *H.* 16 p. *D.* 4 p.
64 Deux Vases à anses, en serpentin. *H.* 8 p. *D.* 3 p.
65 Deux, *idem. H.* 8 p. *D.* 3 p.
66 Deux Vases en diallage. *H.* 11 p. *D.* 5 p.
67 Deux Vases en cipolin rouge. *H.* 12 p. *D.* 5 p.
68 Deux Vases à anses, en marbre noir dit Parangon. *H.* 12 p. *D.* 4 p.
69 Deux Vases en granit oriental rose. *H.* 11 p. *D.* 4 p.
70 Un Vase à quatre masques, sculpté, en marbre de Paros. *H.* 11 p. *D.* 9 p.
71 Un Vase sculpté en ornemens, *idem. H.* 17 p. *D.* 11 p.
72 Deux Vases lacrymatoires, en porphyre violet, avec socles. *H.* 12 p. *D.* 3 p.
73 Deux vases à anses, en albâtre oriental transparent. *H.* 8 p. *D.* 5 p.
74 Deux, *idem*, en rouge antique. *H.* 8 p. *D.* 3 p.
75 Un Vase antique, sculpté en marbre, et fragmenté. *H.* 15 p. *D.* 10 p.
76 Un Vase forme Médicis, en porphyre vert. *H.* 9 p. *D.* 7 p.

77 Deux grands Vases à anses, en albâtre, dit de *Monte Avuto*.

78 Deux Vases en albâtre oriental. *H.* 6 p. *D.* 5 p.

79 Un Vase lacrymatoire à anses en rouge antique. *H.* 15 p. *D.* 4 p.

80 Un Vase, *idem*, à trois anses, *idem*. *H.* 18 p. *D.* 9 p.

81 Un grand Vase en albâtre.

STATUES, BUSTES ET BAS-RELIEFS
EN MARBRE DE DIVERSES ESPÈCES.

82 Un Apollon dit *l'Apollino*, en marbre de Paros. *H.* 20 p. *D.* 6 p.

83 Deux petits Bustes, *idem*. *H.* 10 p. *D.* 5 p.

84 Une grande Tête de Méduse en marbre, copie exacte de la Méduse antique, dite de *Rondanini*. *H.* 20 p. *D.* 16 p.

85 Une petite Tête de Méduse, *idem*. *H.* 10 p. *D.* 11 p.

86 Une autre, *idem*. *H.* 10 p. *D.* 11 p.

87 Un Hermaphrodite en marbre, socle en rouge antique. *H.* 17 p. *D.* 9 p.

88 Un autre, *idem*. *H.* 17 p. *D.* 9 p.

89 Deux Sangliers d'après l'antique, en marbre. *H.* 8 p. *D.* 8 p.

90 Deux Chimères en marbre de Paros. *H.* 9 p. *D.* 12 p.

91 Deux Bas-Reliefs, *idem*, encadrés. *H.* 12 p. *D.* 9 p.

92 Une petite Statue en rouge antique, représentant Vesta. *H.* 7 p. *D.* 3 p.

93 Deux petits Bas-Reliefs en rouge antique. *H.* 9 p. *D.* 5 p.

94 Une Tête de Méduse en rouge antique, socle jaune. *H.* 11 p. *D.* 8 p.

95 Une Figure d'albâtre avec sa cage de verre. *H.* 14 p. *D.* 4 p.

96 Un Apollon du Belvédère en albâtre. *H.* 17 p. *D.* 6 p.

97 Un Groupe.

98 Un Buste de Faune en rouge antique (le Faune à la tache). *H.* 8 p. *D.* 6 p.

99 Un Bas-Relief de rouge antique encadré (sujet d'Herculanum). *H.* 4 p. *D.* 5 p.

100 Un Lion sculpté en jaune antique. *H.* 6 p. *D.* 7 p.

101 Une Idole égyptienne à double tête, en rouge antique. *H.* 6 p. *D.* 7 p.

102 Un grand Buste mi-colossal de l'Empereur Antonin, en marbre grec (antique très-bien conservé).

BRONZES.

103 Deux Figures d'après l'antique, l'Apollon du Belvédère et la Vénus aux belles fesses. *H.* 12 p.
104 Deux, *idem. H.* 12 p.
105 Deux, *idem. H.* 12 p.
106 Deux, *idem*, l'Antinoüs et la Vénus de Médicis. *H.* 12 p.
107 Deux, *idem. H.* 12 p.
108 Un Mercure, d'après Jean de Boulogne. *H.* 21 p.
109 Un, *idem. H.* 21 p.
110 Un, *idem. H.* 21 p.
111 Un, *idem. H.* 21 p.
112 Un Groupe des trois Grâces, d'après l'antique. *H.* 15 p.
113 Un, *idem. H.* 15 p.
114 Un petit Amour, ouvrage du XV.e siècle. *H.* 11 p.
115 Deux Bustes, l'Empereur et Jules César. *H.* 5 p.

116 Deux, *idem. H.* 5 p.

117 Un Buste de l'Empereur, seul. *H.* 5 p.

118 Un Marc-Aurèle à cheval, d'après l'antique. *H.* 16 p.

119 Deux Cariatides pour candélâbre, *idem. H.* 12 p.

120 Une grande Victoire ailée, avec un socle, *idem. H.* 20 p.

121 Deux Figures, l'Apolline et la Vénus de Médicis, *idem. H.* 12 p.

122 Deux Idoles égyptiennes pour candélâbre, *idem. H.* 10 p.

123 Deux, *idem. H.* 10 p.

124 Deux petites Figures, en pendants, *idem. H.* 9 p.

125 Deux, *idem. H.* 9 p.

126 Deux, *idem. H.* 9 p.

127 Un Taureau, *idem. H.* 9 p.

OBJETS DIVERS.

128 Un grand Plateau de table, composé de cinq compartimens richement incrustés et décorés de ses pièces en rouge antique, parmi lesquelles on remarque le temple de la Concorde (de Rome), à huit co-

lonnes, ceux de Jupiter tonnant et de Jupiter Stator; quatre Coupes à anses, quatre Vases, six Candélâbres, huit Baguerolles, douze Lions ou Sphynx, deux Obélisques en porphyre rouge, d'après ceux de Saint-Jean-de-Latran et de la porte du Peuple à Rome ; Bronzes dorés, etc.

129 Un autre Plateau plus petit, à trois compartimens en scayolle, décoré de Bronzes dorés, etc.

130 Cent Socles environ de diverses dimensions, en porphyre, serpentin, et autres Marbres antiques.

131 Quarante Boîtes environ de diverses matières rares et précieuses, telles que Lapis-Lazuli, Prime d'opale, Labrador, Jaspe, Agate orientale, Porphyre, Basalte, etc. (*).

132 Cent Camées environ, ou pierres gravées, montés et non montés, pour Bagues, Médaillons, etc.; en Agate à plusieurs couches, Sardoines, Onyx, etc., antiques, ou des artistes modernes les plus célèbres.

───────────────

(*) Les objets qui composent cet article et les deux suivans de Camées et de Mosaïques, seront décrits dans des feuilles particulières qu'on distribuera à la vente.

133 Cinquante Mosaïques environ, sujets pris à Rome, d'après les monumens antiques, et Tableaux en pierres de rapport.

134 Une suite de quatre à cinq cents Pâtes, offrant les sujets des plus belles Pierres gravées en creux.

135 Plusieurs suites de Souffres ou Empreintes en scayolles, renfermées dans des tiroirs ou des cadres.

136 Plusieurs suites d'échantillons de Pierres dures et Marbres antiques en série.

137 Divers assortimens de Seppia et Bistres de Rome, environ mille bâtons de première qualité.

138 Une grande Pendule à jeux d'orgue variés, richement décorée de Bronzes dorés et ciselés à Paris; les jeux d'orgue par MM. Levaillant et Davrainville.

TABLEAUX.

DOMINIQUAIN. (Attribués au)

139 Un grand Tableau, représentant l'Eternité.
140 Un autre, représentant la Foi.

JULES ROMAIN. (Attribué à)

141 Un autre, représentant la Charité.

Ces trois Tableaux, de même dimension, proviennent de la Galerie du Cardinal Ghisi à Sienne, où ils jouissaient d'une grande estime. *H.* 5 pieds 9 pouces. *L.* 3 pieds 2 p.

RIBEIRA, *dit* L'ESPAGNOLET.

142 Saint Paul, Ermite, nourri par un Corbeau.

LUCA GIORDANO.

143 Une Sainte Famille. Pastiche du *Titien*.

WOODKI.

144 L'Eruption du Vésuve, en 1794.
145 Vue de la *Solfatara*, ancien volcan, près de Naples.

Ces deux Tableaux font pendant.

RAPHAEL. (D'après)

146 L'Ecole d'Athènes.
147 L'Incendie du Bourg.

H. 3 pieds 10 pouces. *L.* 5 p. 6 p.

LANFRANC.

148 Saint Augustin porté au Ciel par des Anges.

CAMPO-VECCHIO.

149 Deux Vues maritimes, clair de Lune.

H. 1 pied. *L.* 1 pied 6 pouces.

PERUGIN. (Attribué au)

150 Portrait d'un Homme inconnu.

(17)

CRESPI.

151 Ebauche d'un grand Tableau de ce Maître, qui se trouve au Musée Napoléon.
H. 2 pieds. L. 1 pied 6 pouces.

PETERS.

152 Deux Tableaux faisant pendant, représentant, l'un, un Taureau; l'autre, un Tigre.
H. 7 pouces. L. 11 pouces.

153 Un Renard dévorant un Faisan.
H. 2 pieds 2 pouces. L. 2 p. 10 p.

INCONNU.

154 Deux Vues d'Antiquités, peintes sur cuivre.
H. 5 pouces. L. 6 pouces.

ROTHNAMER.

155 Le Martyre de Saint-André.
H. 13 pouces. L. 21 pouces. B.

SAL. RUYSDAEL.

156 Une Marine.   H. 15 pouces. L. 21 pouces. B.

TH. WICK.

157 Un Intérieur rustique.
H. 20 pouces. L. 18 pouces. T.

CH. LEBRUN.

158 Un Repos en Egypte.
H. 3 pieds 3 pouces. L. 4 pieds 8 pouces. T.
Tableau, du meilleur temps de Ch. Lebrun, et dans la manière du Poussin, auquel on pourrait aussi l'attribuer.

ESTAMPES.

159 Cinquante Lots environ de Gravures prises dans les fonds de Volpato, Morghen, Folo, Rinoldi et autres graveurs italiens, français, anglais, etc.

Chaque Lot sera composé de douze à quinze pièces.

160 Plusieurs Lots de Gravures anciennes.

161 Plusieurs Lots de Gravures coloriées, Acquarelles, Gouaches, et diverses Miniatures exécutées à Rome, représentant des vues et sites pittoresques de la Grèce, de la Sicile et de l'Italie, etc.

LIVRES PRÉCIEUX,

La plupart ornés de Figures, et reliés par les plus célèbres Artistes de Paris et de Londres.

THÉOLOGIE, SCIENCES ET ARTS.

1 La Sainte Bible, par Le Maistre de Saci, avec fig. de Marillier. *Paris, Didot*, 1789, 4 vol. gr. in-8. demi-rel. dos de mar. r.

2 Lucrèce, de la Nature des choses, trad. par Lagrange. *Paris, Didot jeune*, 1793, 2 vol. gr. in-4. pap. vél. v. éc. dent. d. s. tr. fig.

3 Il Principe di Niccolò Machiavelli. (*Fiorenze*), 1797, in-8. mar. r.
Exemplaire unique, imprimé sur peau vélin.

4 Rapport sur les Sépultures; par Cambry. *Paris, P. Didot*, 1798, gr. in-4. pap. vél. demi-rel. dos de mar. r. pap. mar. sur les plats, fig. (9).

HISTOIRE NATURELLE.

6 Première Centurie de Planches enluminées

d'Animaux, Végétaux et Minéraux, par Buch'oz. *Paris, Lacombe, gr. in-fol. cart.*

6 La Botanique de J.-J. Rousseau, ornée de 65 planches imprimées en couleurs, d'après les peintures de P. J. Redouté. *Paris, Delachaussée, 1805, gr. in-4. pap. vél. demi-rel. dos de mar. r. pap. mar. sur les plats.*

7 A Cabinet of Quadrupeds (24), by John Church. *London, 1794—1797, gr. in-4. pap. vél. fig. cart. dos de mar. r.*

8 Histoire naturelle des deux Eléphans mâle et femelle du Muséum de Paris, par M. Honel. *Paris, 1803, gr. in-4. cart. fig.*

9 Recueil de Chevaux de tous genres, dessinés par Carle et Horace Vernet, et gravés en 50 planches, par Levachez. *Gr. in-fol. obl. dos de mar. bleu, pap. mar. dent. sur les plats.* Exemplaire avec figures en couleur.

10 A natural History of British Birds, etc., with their portraits, accurately drawn, and beautifully coloured from nature, by M. Hayes. *London, Hooper, 1775, in-fol. max. cart. fig.* (40).

11 A natural History of Birds, by George Edwards. *London, 1802, gr. in-fol. pap. vél. demi-rel. dos de mar. v. pap. mar. sur les plats, fig. color.* (52).

12 Histoire naturelle des Perroquets, par Fr. Levaillant. *Paris, Levrault*, 1804, *2 vol. gr. in-4. fig. en couleur, cart. dos de mar. r.*

13 Recueil de sept Peintures exécutées à la Chine, représentant des Fleurs, des Oiseaux et des Insectes. *In-folio.*

14 An Exposition of English Insects, exhibiting on 51 copper plates near 500 figures; by Moses Harris. *London, White*, 1782, *gr. in-4. pap. vél. fig. col. cart. dos de mar. r.*

15 Papillons d'Europe, peints d'après nature par Ernst. *Paris*, 1779 *et ann. suiv.*, *24 livraisons gr. in-4. fig. color.*

Beaux-Arts.

16 Histoire de l'Art chez les Anciens, par Winkelmann, trad. de l'allem. (par M. Jansen). *Paris*, 1801, *3 vol. in-4. br. fig.*

17 Dessins de Léonard de Vinci, gravés par Ch.-Jos. Gerli, Milanois. *Gr. in-fol. br.*

18 Recueil de Dessins, gravés d'après les plus fameux maîtres, tirés de la Collection de l'Académie électorale de Dusseldorff. *Gr. in-fol. cart. fig.* (103).

19 Galerie de Florence et du Palais Pitti, dessi-

née par Wicar, et gravée par Lacombe et Masquelier; avec les explications de M. Monges l'aîné. *Paris*, 1789 *et ann. suiv.*, 18 *livraisons gr. in-fol.*

Anciennes épreuves.

20 Galerie du Palais Royal, gravée par Couché. *Paris*, 1786 *et ann. suiv.*, 59 *livr. gr. in-fol. rel. en 3 vol. demi-rel. dos de mar. r. pap. mar. sur les plats.*

Exemplaire d'anciennes épreuves.

21 Galerie électorale de Dusseldorff, par Nic. de Pigage. *Basle*, 1778, 2 *vol. p. in-fol. oblong, demi-rel. dos de mar. r. pap. mar. sur les plats.*

22 Galerie des Peintres flamands, hollandais et allemands, par Ch. Lebrun. *Paris*, 1792—1796, 3 *tom. en 2 vol. gr. in-fol. demi-rel. dos de mar. r. fig.* (201).

23 Vies et Œuvres des Peintres les plus célèbres de toutes les Écoles; publ. par M. Landon. *Paris*, 1803 *et ann. suivantes*, 11 *vol. in-fol. pap. vél. cart.*

Cet ouvrage contient : 1.° Vie et Œuvre du Dominiquin, 3 *vol.* — du Poussin, 1 *vol.* — de Raphaël, 7 *vol.*

24 Vie de Nicolas Poussin, considéré comme chef de l'École française; par M. Gault

de Saint-Germain, avec fig. gravées par MM. Massard. *Paris*, 1803, 5 *livraisons in-8.° gr. pap. vél. fig. avant la lettre.*

25 Annales du Musée, par M. Landon. *Paris*, 1801 *et ann. suiv.*, 16 *vol.* — Paysages, 4 *vol.* — Salon de 1808, 2 *vol.* = *En tout* 22 *vol. in-8.° cart. à la Bradel.*

26 Recueil d'Ornemens à l'usage des jeunes Artistes; par Cauvet. *Paris*, 1777, *in-fol. max. v. éc. fil. d. s. tr. fig.* (64).

27 Ornamenti diversi inventati, disegnati ed eseguiti da Giocondo Albertolli, incisi da Giac. Mercoli Luganese. *In Milano*, 1782, *in-fol. max. demi-rel. fig.* (24).

28 Œuvre de Berrain. *In-fol. max. v. m. fig.* (50).

29 Varie Opere di Prospettiva inventate da Ferdinando Galli, detto il Bibiena. *In Bologna, in-fol. atlant. v. m.*

30 L'Architettura di M. Vitruvio Pollione, colla traduz. ital. e commento del marcheso Berardo Galiani. *In Napoli*, 1758, *in-fol. mag. demi-rel. fig.* (25).

31 L'Architecture considérée sous le rapport de l'Art, des Mœurs et de la Législation; par C.-N. Ledoux. *Paris*, 1804, 2 *vol. gr. in-fol. cart. fig.* (125).

32 A Dissertation on the prototypes of Architecture, Hindoo, Moorish, and Gothic. *In-fol. max. cart. fig.*

33 Le Triomphe de l'Empereur Maximilien I.*er*, en une suite de 135 planches gravées en bois d'après les dessins de Hans Burgmair. *Vienne, Schmidt (pour Edwards)*, 1796, *in-fol. max. pap. vél. rel. en cuir de Russie, dent.*

Il n'a été tiré que 5 exemplaires sur pap. vélin.

34 Le même, *pap. ord. demi-rel. dos de mar. vert.*

35 Recueil de 29 Peintures exécutées dans les Indes, représentant divers Personnages, Costumes et Usages des Indiens. *In-fol.*

36 Essays on Physiognomony, by John Lavater, illustrated by more than eight hundred engravings accurately copied, and some duplicates added from originals, by Th. Holloway: transl. from the french by Henry Hunter. *London, John Murray*, 1789, 5 *vol. in-4. max. cuir de Russie, dent. gauffrée, rel. angl.*

37 Anacreontis fragmentum ex Ms. seculi X excerptum. *In-folio magno.*

Copie figurée par la gravure, et imprimée sur

17 pages de peau vélin, *rel. en mar. vert, avec larges dentelles, dos à nerfs, à la mosaïque.* Exemplaire unique.

38 Callimaco greco-italiano. *Parma, Bodoni, 1792, gr. in-4. cart. dos de mar. r.*

39 Compositions (31) from the Tragedies of Æschylus, designed by John Flaxman, engraved by Th. Piroli. *London, 1795, in-fol. obl. br.*

BELLES-LETTRES.

40 P. Virgilii Maronis Opera, varietate lectionis et perpetuâ adnotatione illustrata, à Chr.-Gotl. Heyne. *Londini, T. Payne, 1793, 4 part. en 8 vol. gr. in-4. pap. vél. cart. d dos de mar. r. non rogné.*

41 Publius Virgilius Maro. *Parisiis, P. Didot, 1798, 3 vol. gr. in-fol. pap. vél. cart.*
Exemplaire avec figures avant la lettre, n.° 48.

42 Q. Horatii Flacci Opera. *Londini, æneis tabulis incidit Joh. Pine, 1733, 2 vol. gr. in-8. mar. v. dent.*
Exemplaire de premier tirage.

43 Eadem. *Parmæ, Bodoni, 1791, in-fol. cart.*

44 Eadem, cum variis lectionibus, notis Variorum, et indice locupletissimo. *Londini, T. Payne et Edwards, 1792 et 1793, 2 vol. gr. in-4. pap. vél. mar. bleu, dent.*

45 Quintus Horatius Flaccus. *Parisiis, P. Didot,* 1799, *gr. in-fol. pap. vél. cart.*

Exemplaire avec fig. avant la lettre, n.° 38.

46 Catulli, Tibulli, Propertii Opera. *Parmæ, Bodoni,* 1794, *in-fol. cart.*

47 Les Métamorphoses d'Ovide, en latin et en françois, trad. par l'abbé Banier. *Paris, Leclerc,* 1768, 4 *vol. in-4. mar. viol. dent. fig.*

48 Le Roman de la Rose (commencé par Guill. de Loris, et achevé par Jean de Meun). *In-fol. mar. r.*

Manuscrit sur vélin, du XIV.ᵉ siècle, à deux colonnes, et contenant 173 feuillets.

49 Le Pelerinaige du Corps humain (en trois livres et en rimes); — le Pelerinaige de l'Ame (en un livre et en rimes); — et le Pelerinaige de Jhesucrist (aussi en un livre et en rimes). *In-fol. rel. en bois, avec coins en cuivre.*

Manuscrit sur vélin, d'une parfaite conservation, contenant 244 feuillets, à deux colonnes; exécuté dans le XIV.ᵉ siècle, enrichi de 173 petites miniatures, avec ornemens sur les marges et lettres initiales en or et en couleur.

50 Fables de La Fontaine. *Paris, Didot aîné,* 1783, *gr. in-4. pap. vél. mar. r.*

51 Œuvres de Boileau-Despréaux. *Paris, Didot aîné*, 1789, 2 *vol. gr. in-4. pap. vél. mar. r.*

52 Les Amours de Psyché et de Cupidon, avec le poëme d'Adonis; par La Fontaine. *Paris, Didot jeune*, 1794, *gr. in-4. pap. vél. rel. en mar. r. à comp. doublé de tabis, dent. par Bozérian, fig. d'après Moreau* (8).

53 Odes, Cantates, Epitres et Poësies diverses de J.-B. Rousseau. *Paris, P. Didot*, 1790, *gr. in-4. pap. vél. mar. bleu, doublé de tabis.*

54 Les Jardins, ou l'Art d'embellir les Paysages; par M. l'abbé Delille. *Paris, Ambr. Didot*, 1782, *in-4. mar. r. pap. de Holl.*

55 Œuvres diverses de M. Delille. *Paris*, 1801 *et ann. suiv.*, 16 *vol. gr. in-8. pap. vél. cart. fig.*

56 Les Amours pastorales de Daphnis et de Chloé, trad. du grec de Longus par Amyot. *Paris, P. Didot*, 1800, *gr. in-4. pap. vél. cart. dos de mar. r. fig.* (9) *avant la lettre, d'après MM. Prudhon et Gérard, par MM. Roger, Massard et Godfroy.*

57 Les Aventures de Télémaque, par Fénélon.

Paris, Didot, 1785, 2 vol. gr. in-4. pap. vél. fig. au bistre, d'après Moitte, avant la lettre, rel. en v. éc. dent. d. s. tr.

58 La Religion vengée, poëme en dix chants (par le card. de Bernis). *Parme, Bodoni*, 1795, gr. in-4. cart. dos de mar. r.

59 Galathée, roman pastoral imité de Cervantes par Florian. *Paris, Defer de Maisonneuve*, 1793, gr. in-4. demi-rel. dos de mar. r. pap. mar. dent. sur les plats, fig. en couleur, d'après Monsiau.

60 Œuvres complettes de J.-J. Rousseau, édition publiée par M. Mercier. *Paris, Poinçot*, 1788, 38 vol. in-8., tirés sur format in-4. pap. fin, fig. avant la lettre, rel. en v. rac. fil. d. s. tr. par Bozérian.

61 Les mêmes. *Paris, Defer de Maisonneuve*, 1793-1800, 18 vol. in-4. pap. vél. cart. fig.

62 La divina Comedia di Dante Allighieri. *Parma, Bodoni*, 1796, 3 vol. gr. in-4. cart. dos de mar. r.

63 Aminta di Torquato Tasso. *Crisopoli, Bodoni*, 1789, gr. in-4. cart. dos de mar. r.

64 Pastor Fido di Giambatista Guarini. *Crisopoli (Parma)*, 1793, gr. in-4. cart. dos de mar. r.

65 Scherzi poetici e pittorici di Giov.-Gher. de Rossi. *Parma, Bodoni, 1795, gr. in-4.* avec 42 *fig. cart. dos de mar. r.*

66 Amori, Canzonette del conte Lud. Vittorio Savioli. *Crisopoli, Bodoni, 1795, gr. in-4. pap. vél. cart. dos de mar. r.*

67 El ingenioso Hidalgo Don Quixote de la Mancha, por Miguel de Cervantes Saavedra. *En Madrid, Ibarra, 1780, 4 vol. gr. in-4. v. porph. dent. d. s. tr. fig.*

68 The Plays of William Shakspeare. *London, Longman, 1797, 6 vol. in-4. pap. vél. rel. en cuir de Russie, gauffré.*

69 The Complaint, and the Consolation; or Night thoughts, by Edward Young. *London, Edwards, 1797, gr. in-fol. br. pap. vél., avec 43 sujets gravés en couleur, placés dans les marges des pages auxquelles ils ont rapport.*

70 The Seasons, by James Thomson, illustrated with engravings by F. Bartolozzi and P. W. Tomkins, from original Pictures painted for the work by W. Hamilton. *London, Tomkins, 1797, gr. in-fol. pap. vél.*
Exemplaire magnifique, relié en mar. vert, larges dent., avec dos à nerfs à la mosaïque. Les figures, culs-de-lampe et vignettes, au nombre de 21, sont avant la lettre.

71 The Fables of John Dryden, ornamented with engravings (27) from the pencil of the right hon. lady Diana Beauclerc, by Bartolozzi, Gardiner, Vanderburg, etc. *London, Edwards,* 1797, *in-fol. pap. vél. mar. bleu.*

72 Poems by M.' Gray. *Parma, Bodoni,* 1793, *gr. in-4. cart. dos de mar. r.*

73 Leonidas, a poem, by Richard Glover, adorned with plates (7) engraved by Bartolozzi. *London, Bensley,* 1798, 2 *vol. in-8. pap. vél. mar. r.*

74 The Festival of the Rose, with other Poems, by M.'' Montolieu. *London, Bensley,* 1802, *in-4. pap. vél. cart.*

HISTOIRE.

75 Atlas historique, généalogique, chronologique et géographique, par A. Le Sage. *Paris,* 1808, *gr. in-fol. pap. vél. demi-rel. dos de mar. bleu, pap. mar. dent. sur les plats.*

76 Atlas du Commerce, par Le Clerc. *Paris, Froullé,* 1786, *in-fol. max. demi-rel. dos de mar. r.*
Exemplaire dont les feuilles ont été satinées.

77 Brevis relatio eorum, quæ spectant ad declara-

tionem Sinarum Imperatoris Kam Hi, circa Cœli, Cumfucii, et Auorum cultum, datam anno 1700. Accedunt Primatum Doctissimorumque virorum et antiquæ Traditionis Testimonia; opera PP. Societ. Jesu Pekini pro Evangelii propagatione laborantium. *Pekini*, 1701, *in-4. bas.*

Volume très-curieux, imprimé en caractères chinois, tartares et latins, sur papier de bambou, à la manière chinoise (d'un seul côté de la feuille), et en une planche gravée pour chaque page, les Chinois ne faisant pas usage des caractères mobiles.

78 Relatio sepulturæ magno Orientis Apostolo S. Francisco Xaverio erectæ in Insulâ Sanciano anno sæculari 1700. *Pet. in-4. br.*
Imprimé comme le précédent.

79 Voyage pittoresque de la Syrie, de la Phénicie, de la Palæstine et de la Basse-Egypte, par M. Cassas. *Paris, 1797, 30 livraisons gr. in-fol. fig. avant la lettre.*

80 Voyage historique et pittoresque de l'Istrie et de la Dalmatie, rédigé d'après l'itinéraire de Cassas, par J. Lavallée. *Paris, 1802, gr. in-fol. cart. dos de mar. r.*

81 Lettres sur l'Egypte et sur la Grèce; et le Coran: par Savary. *Paris, Bleuet, 1798, 6 vol. in-8. pap. vél. v. gr. dent.*

82 Les Ruines des plus beaux Monumens de la Grèce; par Le Roy. *Paris, Musier*, 1770, *2 part. en 1 vol. in-fol. max. v. m. fig.*

83 Voyage pittoresque de la Grèce (par M. de Choiseul-Gouffier). *Paris*, 1782, *gr. in-fol.*

Exemplaire de première édition, en 12 livraisons, avec les cartons doubles des pages 3, 4, 5, 6, 7, 8, 183 et 184.

84 Les Ruines de Pæstum ou de Possidonie, dans la Grande-Grèce, par T. Major, trad. de l'angl. *Londres, T. Major*, 1768, *in-fol. max. cart. fig.* (24).

85 Tableau général de l'Empire Ottoman, par Mouradja d'Ohsson. *Paris*, 1787—1790, *2 vol. in-fol. max. cart. dos de mar. r.*

86 Voyage de H. Swinburne dans les Deux-Siciles. *Paris, Didot aîné*, 1785 *et ann. suiv.*, 5 *vol. gr. in-8. pap. de Holl. rel. en mar. r.*

87 Voyage pittoresque de Naples et de Sicile, par l'Abbé de Saint-Non. *Paris*, 1781 *et ann. suiv.*, 5 *vol. gr. in-fol. mar. r. fig. rel. de Derome.*

88 Voyage pittoresque des Isles de Sicile, de Malte et de Lipari, par M. Houel. *Paris*, 1785 *et ann. suiv.*, 4 *vol. gr. in-fol. v. éc. fil.*

Très-bel exemplaire, dont les feuilles ont été satinées.

89 Travels through the Rhætian Alps, in the year 1786, from Italy to Germany, through Tirol, by Albanis Beaumont; ornamented with ten large aqua-tinta engravings. *London, Clarke,* 1792, *in-fol. max. cart. fig. col.*

90 A Voyage to the pacific Ocean, by Captains Cook, Clerke and Gore. *London,* 1773—1784, *7 vol. gr. in-4. v. f. fig. et 1 vol. in-fol. atl.*

91 Voyage de La Pérouse autour du Monde, rédigé par M. Milet-Mureau. *Paris, Impr. de la Répub.,* 1797, *4 vol. gr. in-4. et atlas in-fol. max. cart.*

92 Relation du Voyage à la recherche de La Peyrouse, par Labillardière. *Paris,* 1800, *2 vol. gr. in-4. et atlas in-fol. cart.*

93 Choix de Vues (50) de l'Inde, dessinées sur les lieux, pendant les années 1780-1783, et exécutées en aqua-tinta, par W. Hodges (texte français et anglais). *Londres, Edwards,* 1786, *in-fol. max. obl. pap. vél.*

> Exemplaire avec planches en couleur, relié en maroquin à compartimens de diverses couleurs, rouge, bleu, jaune et vert, avec larges dentelles et ornemens, dos à nerfs, dorés à mille points. Ouvrage magnifique.

94 Select Views in Mysore, from drawings taken

on the spot by M. Homo; with historical description. *London, Bowyer,* 1794, *pet. in-fol. pap. vél. demi-rel. dos de mar. v. fig.*

95 Collection de 50 Vues du Rhin, les plus intéressantes et les plus pittoresques, depuis Spire jusqu'à Dusseldorf, par L. Janscha et Ziegler; avec texte français et allemand. *Vienne, Artaria,* 1798, *in-fol. max. en feuilles, fig. en couleur, exécutées avec le plus grand soin.*

96 Suite de 48 Vues d'Angleterre, gravées par Middiman, avec texte anglais et français. *1 vol. in-4. obl. cart.*

97 A complete View of the Dress and Habits of the People of England, by Jos. Strutt. *London, Edwards,* 1796, *2 vol. gr. in-4. pap. vél. avec 142 fig. au bistre, cart. à dos de mar. r.*

98 The English Peerage; or, a view of the ancient and present state of the English Nobility. *London, Spilsbury, for Robinson,* 1790, *3 vol. in-fol. cuir de Russie, gauffré, fig.*

99 C. Cornelii Taciti Opera. *Parmæ, Bodoni,* 1795, *3 vol. gr. in-4. cart. dos de mar. r.*

100 Figures de l'Histoire de la République

romaine, par Miris. *Paris, 1800, 18 livr. gr. in-4.*

101 Dictionnaire historique et numismatique, par Galland. *In-4. cart.*

> Manuscrit copié sur celui de M. de Boze, par son secrétaire, M. Berthelin.

102 Fr. Perezii Bayerii de Numis hebræo-samaritanis. *Valentiæ-Edetanorum, 1781, in-4. Ch. M. fig. v. éc. fil. d. s. tr.*

103 Œuvre du chevalier Hedlinger, ou Recueil de Médailles de ce célèbre artiste. *Basle, 1776, p. in-fol. demi-rel. dos de mar. r. pap. mar. sur les plats.*

104 Dell' antiche Statue greche e romane che nell' antisala della libreria di San Marco, e in altri luoghi di Venezia si trovano. *In Venezia, 1740, 2 vol. in-fol. max. cart. fig.* (100).

105 Monumenti antichi inediti, spiegati ed illustrati da G. Winckelmann. *Roma, 1767—1772, 3 vol. in-fol. rel. en vél. fig.*

106 Ionian Antiquities, published by Chandler, Revelt and Pars. *London, 1769, in-fol. max. demi-rel. fig.*

107 Antiquités étrusques, grecques et romaines, tirées du cabinet de M. Hamilton (par

d'Hancarville). *Neples*, 1766, 4 *vol. in-fol. max. v. rac. dent. d. s. tr.*

108 Collection of engravings from ancient Vases mostly of pure greek Workmanship discoverd in sepulchres in the kingdom of the two Sicilies, in the possession of sir W. Hamilton. *Naples, Tischbein,* 1781—1785, 3 *vol. in-fol. max. fig. br.*

109 Recueil de Peintures antiques trouvées à Rome; imitées fidèlement pour les couleurs et le trait, d'après les dessins coloriés par Pietro-Sante-Bartole. *Paris, Didot aîné,* 1783, 2 *part.* — Histoire critique de la pyramide de Caïus Cestius, avec une dissertation sur le sacerdoce des VII Virs Epulons, et des notes, par l'abbé Rive. *Paris, Didot aîné,* 1787, = 3 *part. en* 1 *vol. gr. in-fol. pap. vél. rel. en mar. rouge, dent. doublé de tabis dent.*

Magnifique exemplaire, relié avec le plus grand soin par Bozérian.

110 Le Antichità di Ercolano, esposte, con qualche spiegazione (da Ottav.-Ant. Bayardi). *In Napoli,* 1757—92, 9 *vol. in-fol. max. cart.*

Très-bel exemplaire d'un ouvrage qu'on ne peut plus se procurer que difficilement, les cuivres étant maintenant en la possession de S. M. le Roi de Naples.

111 Le Antichità di Ercolano. *In Roma*, 1790, 5 *vol. in-4. br. fig. di Piroli.*

112 Del Palazzo de' Cesari, opera postuma di Fr. Bianchini. *In Verona, 1738, in-fol. mag. fig.* (20).

113 Delle Magnificenze di Roma antica e moderna libri X, da Gius. Vasi, con una spiegazione istorica dal P. Gius. Bianchini. *In Roma, 1747—1759, 5 vol. in-fol. obl. cart. fig.* (203).

114 Les Edifices antiques de Rome, par Ant. Desgodetz, publiés (en franç. et en angl.) par George Marshall. *Londres, Taylor, 1795, 2 vol. in-fol. max. fig.* (136).

115 Vedute (60) de gli Avanzi dei monumenti antichi delle due Sicilie, da Bernardino Olivieri. *Roma, 1794, in-fol. obl. br.*

116 Vedute di Roma antica, da Piranesi. *In-fol. obl. cart. fig.* (21).

117 Raccolta di 34 Vedute di Roma, da Piranesi. *Pet. in-fol. cart.*

118 Raccolta di 320 Vedute della città di Roma e di alcuni luoghi suburbani. *In Roma, Agapito Franzetti (pour Edwards), in-4.*

oblong, mar. bleu, dent. à compart. renf. dans un étui.

Exemplaire unique imprimé sur peau de vélin.

119 Antiquités nationales, ou Recueil de Monumens de l'Empire français; par M. Millin. *Paris, Droulin,* 1790, *5 vol. in-fol. pap. vél. v. j. dent. d. s. tr. fig.*

120 Description générale et particulière de la France (publiée par de La Borde, Guettard, etc.). *Paris,* 1781—97, *12 vol. gr. in-fol. demi-rel. dos de mar. r.*

Très-bel Exemplaire d'anciennes épreuves.

121 Description pittoresque des Seigneuries de S. A. R. le duc de Savoie, prince de Piémont, roi de Chypre, etc., etc. (en hollandois). *La Haye, Adrien Moetjens,* 1697, *2 vol. in-fol. max. v. fil. fig.*

122 Batailles gagnées par le Prince Eugène de Savoye, dépeintes et gravées en taille-douce par J. Huchtenburg, avec des explicat. hist. par J. Dumont. *La Haye,* 1720, *3 vol. in-fol. max. v. m.*

123 Mémoires du Comte de Grammont, par le Comte Antoine Hamilton : édit. ornée de 72 portraits. *Londres, Edwards,* 1793, *in-4. Gr. Pap. vélin, mar. r. du Levant, doublé de tabis, dent. avec la lettre grise.*

124 Les Campagnes de Duguay-Trouin, gr. en 20 planches, par Ozanne. *Gr. in-fol. br.*

125 Musée des Monumens français; par Al. Lenoir. *Paris, 1800, 6 vol. gr. in-8. cart. fig.*

126 Tableaux historiques de la Révolution française. *Paris, Auber, 1798, 3 vol. gr. in-fol. pap. vél. fig. v. rac. fil.*

127 Tableaux historiques des Campagnes d'Italie et d'Allemagne. *Paris, Auber, 1806 et ann. suiv. in-fol. max. pap. vél. demi-rel. dos de mar. v. pap. mar. sur les plats, fig.*

128 Sacre et Couronnement de Napoléon, Empereur des Français et Roi d'Italie. *Paris, 1827, in-fol. max. cart. fig. d'après les dessins de MM. Percier et Fontaine.*

FIN.

www.ingramcontent.com/pod-product-compliance
Lightning Source LLC
Chambersburg PA
CBHW030058230526
45471CB00003B/1156